AF451264

Atrio de los Gentiles

Un diálogo entre creyentes y no creyentes

Enrique G de la G
(Editor)
Guillermo Hurtado
(Coordinador)

Ficha bibliográfica

G de la G, Enrique

Atrio de los Gentiles. Un diálogo entre creyentes y no creyentes
1a. edición, 2022

ISBN: 978-607-99600-3-2

Editorial Notas Universitarias, S. A. de C. V.

Impreso en la Ciudad de México, febrero de 2022
Formato: 15 × 21 cm

56 pp.

Editorial NUN

Es una marca de Editorial Notas Universitarias, S. A. de C. V.

Xocotla 17, Tlalpan Centro II, alcaldía Tlalpan,
C. P. 14000, Ciudad de México

www.editorialnun.com.mx

Versión impresa, ISBN: 978-607-99600-3-2
Versión digital, ISBN: 978-607-99600-2-5

Los textos aquí presentados fueron arbitrados (doble-ciego) y dictaminados por especialistas nacionales. Posteriormente fueron revisados, corregidos y modificados por los autores antes de llegar a su versión final.

Dirección editorial: Miryam D. Meza Robles
Diseño de portada: Alejandro Magallanes
Cuidado de la edición: Felipe G. Sierra Beamonte
Corrección de estilo: Óscar Díaz Chávez
Diagramación: Carlos A. Vela Turcott

Impreso en México

Atrio de los Gentiles

Un diálogo entre creyentes y no creyentes

Enrique G de la G
Gustavo Ortiz
Guillermo Hurtado
Luis Xavier López Farjeat
Mons. Melchor Sánchez de Toca

México – Berlín
2022

Índice

Nota sobre esta edición

Este libro contiene las ponencias del Atrio de los Gentiles que el Consejo Pontificio de la Cultura celebró en la Ciudad de México –por primera vez fuera de Europa– el 15 de febrero de 2012. Edité estos textos poco después de la celebración del encuentro entre creyentes y no creyentes con la intención de darlos a conocer en *Letras Libres*, pero como no fueron publicados en dicha revista, los ofrezco ahora al público interesado.

El texto de Gustavo Ortiz que aquí se recoge es una versión revisada y corregida de la ponencia que dictó aquella tarde en Coyoacán, y publicada en el número 33 de la revista *Devenires* en 2016. Por lo demás, solo falta la participación de Ricardo Cayuela Gally, quien no presentó trabajo por escrito y prefirió que no se publicara su exposición.

Enrique G de la G

Presentación

La pugna entre el Estado y la Iglesia marcó la historia de México durante los siglos XIX y XX. Si bien las hostilidades entre ambos bandos parecen cosa del pasado, la convivencia entre creyentes y no creyentes sigue siendo tensa en algunos campos, en especial en los de la cultura y la academia. Los intelectuales no creyentes con frecuencia son jacobinos o les dan la espalda a los creyentes y, en respuesta, éstos suelen adoptar posiciones integristas. Hay notables excepciones, claro, pero son pocas. La situación no ha cambiado mucho desde que Gabriel Zaid la analizara en su lúcido ensayo de 1989, "Muerte y resurrección de la cultura católica".

Frente a este escenario, un diálogo público entre intelectuales creyentes y no creyentes resulta indispensable para transitar hacia una nueva etapa de nuestra cultura. Esta fue la motivación para organizar una versión mexicana del Atrio de los Gentiles, proyecto pontificio que hasta ahora había tenido su foco de atención en Europa. Un atrio mexicano no podía calcar las formas y los temas de los realizados en países como Francia o Italia. Por ello, considerando el divorcio entre los creyentes y los no creyentes mexicanos dentro del campo de la cultura, se quiso partir de una reflexión sobre las condiciones reales de un diálogo franco y constructivo entre ellos.

En el encuentro participaron los jóvenes filósofos Enrique G de la G, Luis Xavier López Farjeat y Gustavo Ortiz Millán –cuyos textos se incluyen en este *dossier*–, Ricardo Cayuela Gally, monseñor Melchor Sánchez de Toca y quien esto escribe. Es significativo que la convocatoria del Atrio partiera de dos instituciones con irrefutables credenciales laicas: la UNAM y *Letras Libres*. Con esto queríamos dar el ejemplo de cómo participar en un diálogo de este tipo no es una traición a las ideas o una muestra de debilidad de quien lo convoca. El Atrio no es una estratagema para refutar o convencer al otro, sino una plataforma cívica para que los creyentes y los no creyentes alcancen un nuevo entendimiento.

Se repite hasta el cansancio, pero no deja de ser cierto: México enfrenta un momento crítico. La violencia ha desgarrado nuestro tejido social y es evidente que, para rezurcirlo, tenemos que echar mano de valores compartidos. Sumado a lo anterior, el activismo de Javier Sicilia le ha dado un giro a la discusión, pues nos ha obligado a reflexionar acerca de la dimensión humana e incluso espiritual de la tragedia. No debe sorprendernos, entonces, que un punto de acuerdo del Atrio de los Gentiles haya sido que un diálogo entre creyentes y no creyentes sería de utilidad para impulsar el proceso de reconstrucción nacional. Para Ortiz Millán, un tema central de dicho diálogo tendría que ser la definición del Estado laico. Según G de la G, el tema de lo estético podría darnos luz para un mejor entendimiento, y para López Farjeat, el diálogo habría de partir de una experiencia de la miseria y la violencia sufridas por la mayoría de los mexicanos. Estos temas pueden ser tratados en nuevos encuentros entre creyentes y no creyentes que podrán ser organizados por instituciones laicas o religiosas. Este Atrio fue solo un primer paso que tendría que replicarse en otras instancias y en otras modalidades.

La escisión de la cultura mexicana en dos bandos, el de los creyentes y el de los no creyentes, no desaparecerá, pero tampoco es lo que se pretende. La cultura mexicana siempre ha sido suficientemente ancha y plural para que en ella quepan diferentes concepciones del mundo y de la vida humana. Sin embargo, es deseable que entre los distintos aposentos de nuestra cultura haya más puertas que dejen pasar otros aires y permitan el tránsito de ida y vuelta. El desarrollo de nuestra democracia requiere que dialoguemos acerca de cuáles son las concepciones del bien y la justicia que han de servir de inspiración al proceso de regeneración social. Lo ideal sería si pudiéramos ponernos de acuerdo, pero si por lo menos lográramos hacer explícitas nuestras diferencias y entendiéramos mejor las razones de los otros para pensar de manera distinta, también tendríamos que estar satisfechos. No debemos seguir encerrados en nuestros dogmas. Mientras sigamos rezumando nuestros prejuicios, sin abrirnos a un diálogo sincero con quienes no comparten nuestras creencias, la democracia mexicana seguirá siendo un asunto banal y deprimente.

Guillermo Hurtado

Atrio de los Gentiles
Un diálogo entre creyentes
y no creyentes

Mons. Melchor Sánchez de Toca

El "Atrio de los Gentiles", el nombre suena como un exclusivo club inglés, donde se reúnen personas cultas y educadas para discutir con flema británica acerca de las más variadas cuestiones. La realidad es mucho más prosaica, pero también mucho más interesante. Tiene su origen en una propuesta del Papa en un discurso a la curia romana el 22 de diciembre de 2009, cuando invitó a la Iglesia a abrir un "Atrio de los Gentiles" donde acoger a quienes no creen.

El Atrio de los Gentiles era una vasta explanada situada en el templo de Jerusalén, en cuyo centro se levantaba el santuario propiamente dicho. Este inmenso espacio estaba abierto también a aquellos no judíos, pertenecientes a otras naciones o gentes –"gentiles"– que llegaban a Jerusalén a adorar a su manera al Dios único. Benedicto XVI se inspiró en esta imagen para proponer a la Iglesia abrir hoy "una especie de Atrio de los Gentiles en el que las personas puedan entrar en contacto de alguna manera con Dios sin conocerlo y antes de que hayan encontrado el acceso a su misterio".[1] Traduciendo su contenido simbólico, diríamos que se trata de abrir un espacio de diálogo y encuentro, no en el interior del santuario, sino delante del mismo, es decir, en el ámbito literalmente *pro-fanum*. Por eso, concluía Benedicto XVI su discurso, "al diálogo con las religiones debe añadirse hoy sobre todo el diálogo con aquellos para quienes la religión es algo extraño, para quienes Dios es desconocido y que, a

---

[1] Benedicto XVI, Discurso a la curia romana del 21 de diciembre de 2009 [en línea], disponible en <www.cultura.va/content/cultura/es/dipartimenti/ateismo-e-non-credenza/discorso-di-fondazione-di-benedetto-xvi.html>. Consultado el 5 de junio de 2021.

pesar de eso, no quisieran estar simplemente sin Dios, sino acercarse a Él al menos como desconocido".

Es cierto que el atrio del templo es, después de todo, parte del templo, como el atrio de nuestras catedrales es su prolongación. Pero es también el espacio que se abre sobre la plaza, donde discurre la vida cotidiana de los hombres y las voces se encuentran y en el que, por tanto, es necesario emplear el lenguaje común, es decir, el *lógos*.

La propuesta del Atrio de los Gentiles es el deseo de ponerse a la escucha del otro. Entablar un diálogo significa, etimológicamente, aceptar una palabra que atraviesa el propio confín y pasa al otro, en un recorrido de ida y vuelta. Significa un doble proceso de *apertura* y *aventura*, como recuerda Guillermo Hurtado (*Letras Libres* 156, diciembre 2011): apertura a las razones del otro y aventura de comenzar un recorrido juntos en terreno desconocido. Naturalmente, esto exige el abandono de las certezas, o mejor: el abandono de la falsa seguridad que puede proporcionar el apego a ciertas ideas. En el diálogo con quien no cree, al creyente no se le pide renunciar a su fe, sino aceptar una provocación que le obliga a verificar si lo que tenía como dato de fe en realidad no sea más que producto de la costumbre.

En realidad, si miramos bien, tanto creyentes como no creyentes tienen sus dudas de fe o increencia. Si el creyente se siente tentado en su fe, también el ateo a veces ve cómo el gusano de la duda mina su seguridad. "¿Y si después no hay nada?", se pregunta el creyente. "¿Y si después de todo, hay algo?", se interroga el ateo. Estas incertidumbres permiten hablar de una incredulidad del creyente y una fe del ateo, posiciones especulares, que se cruzan y se invierten. Quizá sea precisamente la duda, que preserva tanto al creyente como al ateo del encerrarse en su propio aislamiento, lo que permite la comunicación. La búsqueda se convierte, así, en una condición antropológica que hermana a creyentes y no creyentes en la categoría del *homo quaerens*, el hombre que cuestiona. Con frecuencia, san Agustín habla en sus escritos de un *Deus semper quaerendus*, un Dios a quien se busca para encontrar y que, una vez encontrado, sigue siendo objeto de búsqueda: *Nam et quaeritur ut inveniatur dulcius, et invenitur ut quaeratur avidius* (*De Trinitate*, XV, 2, 2). Ciertamente, para el creyente se trata de una búsqueda diferente, sostenida por la fe, pero que no ahorra exigencias ni oscuridades, como lo muestra sobradamente la experiencia de la noche oscura de la que hablan los místicos y, en último término, la del mismo Cristo en la cruz: "Dios mío, Dios mío, ¿por qué me has abandonado?".

Esta condición que hermana a creyentes y no creyentes en la búsqueda de la verdad exige buscar una reconciliación. No se trata de buscar compromisos apresurados, sino de reconocer la existencia de un doble componente en nuestra herencia cultural: el pensamiento secular inspirado en la Ilustración y la gran tradición cristiana bíblica. Nuestros últimos 200 años han sido un trágico desencuentro. Machado decía que una de las dos Españas –lo mismo se podría aplicar a México y al resto de América– habría de helar el corazón; la realidad ha sido mucho peor: cada una de ellas ha intentado suprimir, aun físicamente, a la otra. Para superar estas heridas, todos necesitamos integrar este doble legado de nuestra historia. Para la Iglesia, el Concilio Vaticano II puso de relieve la profunda correspondencia entre cristianismo e Ilustración y trató de llegar a una conciliación entre la Iglesia y la modernidad. Desde un punto de vista secular podríamos hablar con Habermas de un *komplementärer Lernprozess*, un proceso de aprendizaje recíproco: en una sociedad pluralista moderna, tanto el pensamiento secular como el religioso deben conceder un estatuto cognitivo adecuado al otro, sin pretender la hegemonía ni limitar la contribución al mero ámbito de la utilidad social. Este es, en definitiva, el propósito del Atrio de los Gentiles.

Pluralismo religioso y diálogo
¿Qué tipo de diálogo debe haber entre creyentes y no creyentes?[*]

Gustavo Ortiz

> ¿Qué verdad es la que limitan estas montañas,
> la que es mentira en el mundo que hay al otro lado?
> Michel de Montaigne, *Apología de Raimundo Sabunde*

Pluralistas y exclusivistas

Solemos hablar de "la religión" como si fuera un fenómeno unitario y homogéneo. Pero esto es incorrecto porque, como afirmaba el gran pragmatista estadounidense John Dewey, "no existe tal cosa como la religión en singular. Solo hay una multitud de religiones. La 'religión' es un término estrictamente colectivo" (Dewey, 2005: 16). No deberíamos, entonces, hablar de *la* religión, en singular, como si solo hubiera una, sino siempre de *las* religiones.

Reconocer que existen distintas religiones no es un problema. Eso ya lo reconocían los cristianos, que desde siempre convivieron con los judíos, y posteriormente con los musulmanes; también lo han sabido budistas, hindúes, jainistas, sijes y musulmanes, que han convivido en la India desde siempre. El problema del pluralismo religioso radica en que cada una de esas religiones sostiene que las creencias en las que se basa y enseña son *verdaderas*. ¿Cómo pueden ser verdaderas *todas* las creencias religiosas? ¿Cómo, si en muchas ocasiones hacen afirmaciones contradictorias e incompatibles? Esto es algo que

---

[*] Esta es una versión corregida del texto que presenté en el evento "Atrio de los Gentiles. Un diálogo entre creyentes y no creyentes" en febrero de 2012. Agradezco a Carlos Pereda y a Héctor Islas sus comentarios a una versión anterior. El texto ha sido publicado en la revista *Devenires*, vol. XVII, núm. 33 (enero-junio 2016), pp. 119-136.

reconocen las religiones mismas. Los judíos esperan la llegada de un mesías, mientras que los cristianos están en desacuerdo con ellos porque afirman que el mesías es Jesucristo, y que él es el único camino hacia dios y hacia la salvación espiritual. Unos piensan que las almas, al morir el cuerpo, transmigran y reencarnan en otros cuerpos; otros piensan que se reintegrarán al cuerpo para rendir cuentas en un juicio final. Tal vez la diferencia más radical sea que las religiones monoteístas afirman que hay un solo dios, las politeístas dicen que hay una multiplicidad de dioses, y otras más –como el budismo– ni siquiera postulan la existencia de un dios. ¿Es posible que todas esas afirmaciones sean verdaderas? ¿Que la creencia de que solo hay un dios sea igualmente verdadera que la creencia de que hay muchos dioses o que no hay ninguno?

Las estadísticas sobre religiones nos dicen que hay 19 grandes religiones en el mundo, subdivididas en 270 grandes grupos religiosos y otros más pequeños (únicamente en el ámbito cristiano se han identificado 34 mil grupos independientes).[1] Todas difieren de las otras en, por lo menos, alguna creencia. ¿Pueden ser igualmente verdaderas? Hay al menos dos grandes respuestas para estas preguntas: la exclusivista y la pluralista (en ocasiones llamada también inclusivista).[2]

Los pluralistas nos dicen que todas las grandes religiones son caminos igualmente válidos hacia lo divino, hacia la salvación o la liberación, o hacia un tipo de realidad última a la que debemos aspirar. Tal vez en ningún lugar esté mejor ilustrada la posición pluralista que en la teosofía.

La teosofía, surgida a mediados del siglo XIX, es un movimiento filosófico-religioso que se propone el estudio de las diversas religiones y que sostiene que todas ellas constituyen intentos igualmente valiosos por acercarse a dios, por lo que cada religión posee una porción de una verdad universal. Hay un cuerpo de verdad que constituye la base de todas las religiones. "No hay religión más elevada que la verdad" es el lema de la Sociedad Teosófica. Otra forma más radical de pluralismo se encuentra en la filosofía *new age*. Los seguidores de esta filosofía también sostienen que todas las religiones son intentos igualmente

---

[1]   Barrett *et al.*, Religious Tolerance, 2001 [en línea], disponible en <www.religioustolerance.org/worldrel.htm> y de Watchman Fellowship <www.watchman.org/index-of-cults-and-religions>.

[2]   Cfr. Zagzebski, 2007, cap. 9.

válidos por acercarse a dios o lo absoluto (concebido como una energía espiritual presente en el universo), y procede de manera sincrética uniendo ideas de distintas religiones –no siempre de forma coherente–, pero va más allá que la teosofía, y afirma que ese acercamiento no es cuestión de creencias, sino de una experiencia religiosa que trasciende la razón y que consiste en "estar en armonía con el cosmos y en superar todo tipo de separación".[3]

Los pluralistas suelen sostener que cada una de las grandes religiones nos pone en contacto con lo divino o con un tipo de realidad última, y en ese sentido es valiosa. Sin embargo, esta afirmación es problemática. ¿Cómo sabemos que efectivamente una religión nos pone en contacto con dios o con la realidad última? ¿Por un tipo de experiencia mística acaso? Tal vez esta es solo producto de mis propias creencias y mi fervor religioso. ¿Por revelación? ¿Cómo sé que ese es efectivamente el caso? En la mayoría de los casos, las revelaciones son cuestiones de fe. Es igualmente posible que mis creencias o mis experiencias religiosas no me pongan en contacto con ninguna divinidad y entonces todas las religiones serían falsas. No parece haber mejores razones para pensar que todas las grandes religiones son igualmente verdaderas que para pensar que todas son igualmente falsas.

Sin embargo, la posición pluralista tiene otros problemas más serios. En un término tan positivo y tan de moda como "pluralismo" solo se esconde una forma de relativismo.[4]

El relativismo niega que existan criterios objetivos que determinen la verdad objetiva y universal de una creencia sobre otras y, por lo tanto, todas las creencias religiosas son igualmente valiosas y verdaderas. Son verdaderas dentro del marco conceptual o la religión que les da origen. Mucha gente se siente atraída por el pluralismo porque es una posición que parece respetar todas las religiones por igual y porque suena a tolerancia y libertad. Pero al rechazar que existan

---

[3]   En la filosofía de la religión esta posición ha sido defendida por Hick (1980).

[4]   "Pluralismo" es un término que se usa para designar distintas posturas teóricas: algunas de ellas implican relativismo, otras no. Un pluralismo de valores, por ejemplo, no es incompatible con la objetividad y con la negación del relativismo. Sin embargo, en este caso, el pluralismo religioso tiene una fuerte tendencia hacia el relativismo, dado que no se compromete con que existan verdades objetivas universalmente aceptadas por todas las religiones, sino que muchas proposiciones opuestas pueden ser igualmente verdaderas.

criterios objetivos para las creencias religiosas, en realidad lo único que se está haciendo es devaluarlas a todas... incluida la propia. Si mi creencia vale tanto como la de cualquier otro, entonces parece que no tengo razones especiales, digamos, para creer que existe un solo dios y que a través de mi creencia en él lograré la salvación. Mi creencia no tiene ningún fundamento en un hecho que la haga verdadera. Igualmente podría creer que hay una multiplicidad de dioses, como afirman los politeístas. Para el relativista no hay un criterio objetivo para determinar la verdad de la cuestión; si lo hubiera, entonces tendría que aceptar que hay un punto de vista que es superior a los otros, pero eso es lo que el pluralista niega. Mi religión no tiene una categoría especial, es solo una entre muchas. Pero entonces uno podría pensar que profesa ciertas creencias no porque considere que su religión es más valiosa o verdadera que las otras. A fin de cuentas, las razones para creer lo que creo son tan válidas como para creer lo contrario. Así, parece que la gente cree lo que cree solo porque nació en una determinada comunidad religiosa.

De este modo, el pluralismo nos lleva a pensar que las creencias religiosas que uno tiene no son porque sean verdaderas y estén justificadas, sino que tal vez uno es católico porque nació en México, pero probablemente sería musulmán si hubiera nacido en Arabia. Pura contingencia: mi creencia en una religión no es una cuestión de la verdad de ese sistema de creencias religiosas, sino de la casualidad de que yo haya sido adoctrinado dentro de ese sistema. Pero esto no es novedad, es algo que ya sabía Montaigne en el siglo XVI:

> Todo esto es signo muy evidente de que no acogemos nuestra religión sino a nuestra manera y con nuestras manos, y no de otro modo que como se acogen las demás religiones. Nos hemos encontrado en el país donde se practicaba, o nos fijamos en su antigüedad o en la autoridad de los hombres que la han defendido, o tememos las amenazas que dedica a los incrédulos, o seguimos sus promesas. Tales consideraciones deben emplearse en nuestra creencia, pero como subsidiarias. Son lazos humanos. Otra región, otros testigos, similares promesas y amenazas podrían imprimirnos por la misma vía una creencia contraria. Somos

cristianos por la misma razón que somos perigordinos o alemanes (Montaigne, 2007: 640).

Pero si somos cristianos como somos alemanes, ¿qué sucede con la verdad y la universalidad del cristianismo y de las otras religiones? Las religiones no se adoptan ni se transmiten por su verdad, sino por la autoridad de la costumbre o por la de las personas que la han defendido.

De igual modo, diversos filósofos han señalado que el pluralismo religioso puede hacer que la gente piense que si las distintas creencias religiosas son todas igualmente válidas, en realidad no existe la verdad objetiva en cuestiones religiosas –por lo menos una que pueda ser descubierta por los seres humanos–. El pluralismo religioso puede entonces conducir al escepticismo, a la indiferencia o, en última instancia, al nihilismo. Da igual pensar una cosa que otra porque, a fin de cuentas, nunca vamos a conocer la verdad en cuestiones de religión.

En el espectro opuesto a la posición pluralista está el *exclusivismo*. Este se da cuenta de los problemas a los que conduce el pluralismo y lo rechaza. Por eso sostiene que existe una sola vía hacia lo divino, hacia la realidad última o hacia la salvación. Por lo tanto, solo un sistema de creencias religiosas puede ser verdadero y, forzosamente, todos los otros serán falsos. Históricamente, las grandes religiones monoteístas, como el judaísmo, el cristianismo y el islamismo, han rechazado el pluralismo y han tendido hacia el exclusivismo (mientras que el politeísmo lo ha hecho hacia el pluralismo).[5] Por ejemplo, en el Evangelio

---

[5]   Del mismo modo, el monoteísmo ha tendido hacia posiciones intolerantes, mientras que el politeísmo hacia la tolerancia. Esto ya lo señalaba David Hume: "Siempre que se admita un único objeto de adoración, la adoración de otras deidades se considera como algo absurdo e impío. Y, es más, esta unicidad de objeto parece requerir, naturalmente, una unidad en la fe y en las ceremonias, y da a los artistas justificación para representar a sus adversarios como seres profanos y blanco de la venganza divina y humana. Pues como cada secta está convencida de que su respectiva fe y adoración son enteramente aceptables a los ojos de la deidad, y como nadie puede concebir que el mismo ser divino se complazca con ritos y principios diferentes y opuestos entre sí, las varias sectas caen naturalmente en un estado de mutua animosidad y se atacan con ese celo y rencor sagrados que son, de entre todas las pasiones humanas, las más furiosas e implacables. [...] La intolerancia de casi todas las religiones que han mantenido la unicidad de Dios es tan notable como el principio contrario de los politeístas" (Hume 1992, pp. 59-60).

de Juan, Jesucristo afirma: "Yo soy el camino y la verdad y la vida: nadie viene al Padre, sino por mí" (Juan 14, 6); y en el libro de los *Hechos de los Apóstoles*, Pedro nos dice: "Porque no existe bajo el cielo otro Nombre dado a los hombres, por el cual podamos alcanzar la salvación" (*Hechos* 4, 12). Es decir, solo a través del dios cristiano y de su hijo, Jesucristo, se llega a la verdad y la salvación ("fuera de la Iglesia no hay salvación", afirmaba san Cipriano de Cartago en el siglo III). Si los cristianos no hubieran pensado de esa forma exclusivista, entonces tal vez nunca hubieran tenido la posición misionera y evangelizadora con la que se preocuparon por convertir a los gentiles que no compartían su fe. Por eso Jesús les dice a sus discípulos: "Por tanto, id, y haced discípulos a todas las naciones, bautizándolos en el nombre del Padre, y del Hijo, y del Espíritu Santo; enseñándoles que guarden todas las cosas que os he mandado" (Mateo 28, 19-20). El misterio de Jesucristo, dice Pablo, "fue dado a conocer a todos los gentiles para llevarlos a la obediencia de la fe" (Romanos 16, 26). El exclusivista piensa: "Yo creo en el único y verdadero dios, solo a través de él se logra la salvación. ¿Debería permanecer impasible viendo cómo todos los que no piensan como yo, los que viven en el error, se condenan?".[6] Es casi natural que cuando pensamos que lo que creemos es verdad –inclusive cuando en realidad no lo sea– tratemos de corregir a quien sabemos que cree algo falso, a quien vive en el error. Ahora, cómo sé que efectivamente mi creencia religiosa es verdadera es otra cuestión.

Mientras que el pluralista está llevado a sostener, en general, que no existen mejores razones para tener un credo u otro, el exclusivista piensa que la razón por la que cree es porque lo que cree es verdad y está justificado, y por eso no habría razón para cambiar su creencia, aunque si en algún momento tomara como una real posibilidad la verdad de otro credo, eso podría llevarlo a revisar sus creencias, cambiarlas y convertirse a esa otra religión. La perspectiva pluralista no parece estar tan bien equipada para explicar la lógica de la conversión

---

[6] Joseph Ratzinger lo pone de este modo: "Los creyentes creemos que tenemos algo que decirle al mundo, a los demás, que la cuestión de Dios no es una cuestión privada, entre nosotros, de un club que tiene sus intereses y hace su juego. Por el contrario, estamos convencidos de que el hombre necesita conocer a Dios, estamos convencidos de que en Jesús apareció la verdad, y la verdad no es propiedad privada de alguien, sino que ha de ser compartida, ha de ser conocida" (Ratzinger y Flores d'Arcais, 2008: 29).

religiosa como lo está la exclusivista: ¿por qué alguien se convertiría a otra religión si esa es tan verdadera y da tan buenas razones como la religión que actualmente tiene? ¿Por razones puramente prácticas? Tal vez, pero entonces la conversión religiosa sería un asunto de mera conveniencia personal, no de aceptación de una verdad última.

Ahora, habría que distinguir con más cuidado entre las posiciones exclusivistas acerca de la verdad y de la salvación. Uno puede pensar que no todas las grandes religiones son igualmente verdaderas, pero son intentos valiosos por llegar a la verdad, y esos intentos pueden llevar a la salvación espiritual. Así, por ejemplo, Karol Wojtyla afirmó que "el hombre –todo hombre sin excepción alguna– ha sido redimido por Cristo, porque con el hombre –cada hombre sin excepción alguna– se ha unido Cristo de algún modo, incluso cuando ese hombre no es consciente de ello" (Wojtyla, 1980: 82). Según esto, es posible la salvación fuera del cristianismo, porque Cristo vino a redimirnos a todos, creyentes y no creyentes, por igual. Esta posición sería exclusivista acerca de la verdad, pero inclusivista acerca de la salvación, es decir, aunque uno no crea la verdad, aun así puede salvarse. Sin embargo, algunos exclusivistas dirán que eso despoja de sentido a la idea de que Dios mandó a su hijo a la tierra para dar su mensaje salvador al género humano. Si cualquier vía diferente a la cristiana nos lleva a la salvación, entonces ¿por qué deberíamos ser cristianos?

El ateísmo también es una forma de exclusivismo acerca de la verdad –aunque obviamente no acerca del camino verdadero hacia dios–. Dado que sostiene que no existe ni uno ni muchos dioses, está obligado a ver todas las posturas religiosas teístas como falsas; no son igualmente válidas que la creencia de que dios no existe, simplemente son incompatibles e irreconciliables.

Estas son, en términos generales, las dos grandes opciones frente a la diversidad religiosa. Son dos opciones excluyentes ante las que se debe tomar partido en cuestiones religiosas. Yo no recomendaría al creyente la opción pluralista: no solo devalúa la propia creencia religiosa, como dije antes, sino que conduce a la inconsistencia (algunos dirán que es autoderrotable). Supongamos, sin conceder, que el pluralismo es verdadero y que todas las religiones son caminos igualmente válidos y verdaderos hacia dios. Entonces el exclusivismo, digamos, del judaísmo o del cristianismo sería verdadero, y si lo es, el pluralismo es falso. Si insistiéramos en salvarlo y dijéramos que el pluralismo es verdadero porque da una mejor explicación de la diversidad religiosa que el exclusivismo, entonces nos veríamos obligados a decir que, como hipótesis religiosa, el pluralismo es mejor o superior que el cristianismo y las otras posiciones religiosas exclusivistas. Si el pluralismo es *superior* a estas otras, entonces también es falso –porque justamente sostiene que ninguna perspectiva religiosa es superior a las otras–. El pluralismo, entonces, es inconsistente.

Finalmente, aunque he hablado de las dos grandes posiciones frente a la diversidad religiosa, es justo mencionar una tercera: el agnosticismo. El agnóstico pone en suspenso su creencia sobre la existencia o no existencia de dios(es), por lo tanto, también sobre la verdad de las creencias religiosas en general (incluida la del ateo). Duda igualmente que una, todas o ninguna de las grandes religiones sean verdaderas.

El diálogo ante el pluralismo religioso

Todo lo que he dicho hasta aquí tiene implicaciones directas en las actitudes que los diversos creyentes tengan entre sí, pero también las que tengan ellos hacia los no creyentes y viceversa. Aquí quiero centrarme en sus implicaciones sobre nuestras actitudes hacia el diálogo entre creyentes, y entre estos y los no creyentes. El Vaticano, a partir de una iniciativa de Joseph Ratzinger en 2009, ha insistido en que se debe buscar el diálogo entre los creyentes y los no creyentes, y ha organizado para ello una serie de encuentros llamados el Atrio de los Gentiles. Esta es parte de la justificación que dio Ratzinger del proyecto:

Creo que la Iglesia debería abrir también hoy una especie de "patio de los gentiles" donde los hombres puedan entrar en contacto de alguna manera con Dios sin conocerlo y antes de que hayan encontrado el acceso a su misterio, a cuyo servicio está la vida interna de la Iglesia. Al diálogo con las religiones debe añadirse hoy sobre todo el diálogo con aquellos para quienes la religión es algo extraño, para quienes Dios es desconocido y que, a pesar de eso, no quisieran estar simplemente sin Dios, sino acercarse a Él al menos como desconocido (Ratzinger, 2009).

A la luz de este proyecto y de nuestra discusión previa sobre el pluralismo religioso debemos preguntarnos, ¿es posible un diálogo interreligioso fructífero? ¿O entre creyentes y no creyentes? Si es así, ¿qué tipo de diálogo? El problema de la diversidad religiosa es que conduce a desacuerdos acerca de muchas cosas dentro del ámbito religioso; pero hay distintos tipos de desacuerdos. Primero, digamos que hay desacuerdo cuando dos o más personas tienen creencias opuestas o en conflicto sobre algún asunto. Si dijéramos, por ejemplo, que simplemente tienen sentimientos, actitudes o intereses diferentes no podríamos decir, en sentido estricto, que existe un desacuerdo. Tienen que tener *creencias* diferentes e incompatibles acerca de cuestiones de hecho o de valores. Solo así se puede explicar el desacuerdo. ¿Qué tipo de diálogo puede haber cuando existen estos desacuerdos? Aunque hay distintos tipos de desacuerdo y de diálogo, quiero examinar primero lo que llamaré desacuerdos sobre "cuestiones religiosas sustantivas", como la existencia de uno, varios o ningún dios, la posibilidad de salvación espiritual, la existencia y destino del alma, pero también cuestiones morales sobre cómo debería vivir la gente su vida, cuáles son los valores morales más importantes y un largo etcétera, que filósofos como Rawls han llamado "doctrinas comprensivas del bien". Quiero argumentar aquí que no deberíamos esperar un diálogo fructífero sobre este tipo de desacuerdos, porque es muy probable que no nos lleve a acuerdos, sino muy seguramente a la frustración y a más desacuerdo. Un diálogo fructífero debería esperarse en otras áreas, pero sobre todo en aquella que tiene que ver con las circunstancias y el diseño institucional que permiten la coexistencia de los distintos credos.

Si examinamos las dos grandes posiciones sobre la diversidad religiosa que he expuesto, entenderemos por qué lo más probable es que el diálogo sobre cuestiones religiosas sustantivas no sea fructífero. Esto, si pensamos que una de las funciones del diálogo es la de tratar de llegar a acuerdos entre las partes que están en desacuerdo –porque el diálogo puede tener otras funciones.

¿Qué sentido puede tener el diálogo sobre cuestiones sustantivas para un pluralista? Alguien que piensa que todas las religiones son caminos igualmente válidos y verdaderos pensará que, si existen desacuerdos, estos deben ser simplemente superficiales, no sustantivos. Porque en las cuestiones sustantivas la respuesta propia es tan válida como la opuesta. Si las creencias de las grandes religiones son todas verdaderas, entonces realmente no existen desacuerdos de fondo. Entonces, ¿qué sentido tiene el diálogo? Ciertamente no tiene el sentido de que lleguemos a un acuerdo: no lo necesitamos. Tampoco el de tratar de hacer que el otro cambie de opinión, ¿para qué, si su opinión es tan válida como la mía? Como ha dicho Joseph Ratzinger en su ataque al relativismo:

> En el sentido relativista, dialogar significa poner la propia posición, esto es, la propia fe, al mismo nivel que las convicciones de otros, sin reconocer en principio más verdad en ella que la que se atribuye a la opinión de los otros. Un diálogo auténtico puede tener lugar solo si supongo en principio que el otro puede estar tan en lo correcto o más que yo (Ratzinger, 2008: 230).

El diálogo auténtico para resolver desacuerdos solo tiene sentido si acepto, en primer lugar, que existe el desacuerdo y, en segundo, que es posible que las razones del otro puedan ser más o menos correctas que las mías, no que están al mismo nivel.

Sin embargo, el pluralista se engaña: existen desacuerdos genuinos entre gente con distintas creencias religiosas, y entre estos y los no creyentes. Pensemos, por ejemplo, en el ámbito de los desacuerdos morales por posturas religiosas. Unos creen, digamos, que la homosexualidad está prohibida por dios y por lo tanto es inmoral; otros no lo creen así. Unos creen que un cigoto es una persona en todo el sentido de la palabra, que su vida es sagrada y tiene derecho a la vida, y por eso rechazan el aborto; otros, en cambio, niegan que un cigoto sea una persona con derechos, y por eso ven el aborto como moralmente permisible. Todas estas creencias no pueden ser igualmente verdaderas. Alguien que afirme que lo son parece estar ciego ante el desacuerdo y esa postura no ayuda a resolver problemas prácticos -por ejemplo, acerca de cómo legislar sobre el matrimonio homosexual o sobre el aborto-. Por más diálogo que haya, este no va a ayudar a resolver el desacuerdo porque cada uno de los dialogantes pensará que su postura es tan válida y verdadera como la del otro, así es que, ¿por qué tendría que aceptar la del otro como superior?

El exclusivismo, en cambio, sí reconoce la existencia de desacuerdos y eso ya es ganancia. Existen desacuerdos genuinos porque tanto los creyentes de distintas religiones como los no creyentes tenemos creencias contradictorias, incompatibles e irreconciliables sobre cuestiones de hecho y sobre valores. Uno dice que hay un dios, otros que hay muchos y el tercero afirma que no hay ninguno. Uno piensa que la eutanasia es moralmente permisible porque sostiene que el valor de la autonomía personal puede pesar más que el valor de la vida; otro piensa que no es permisible, en tanto solo dios puede disponer de la vida de alguien, que es sagrada. El exclusivista piensa que únicamente una de esas creencias puede ser verdadera, que solo uno puede tener razón, no todos. Obviamente, cada uno pensará que él la tiene, y por eso cree lo que cree.

El problema, sobra decirlo, es que en la mayoría de los casos –esos que son realmente difíciles– resulta virtualmente imposible determinar quién tiene la razón de un modo que satisfaga a quienes están en desacuerdo. Simplemente no existe un modo universalmente aceptado (algunos dirían "racional") de determinar la verdad de las afirmaciones sustantivas de los discursos religiosos; en última instancia, son una cuestión de fe, sustentada en un cierto sistema de creencias religiosas. Los creyentes tendrían que salirse de sus propios sistemas de creencias y abandonar su fe para poder analizar y determinar objetivamente la verdad de sus propias afirmaciones y contrastarla con la afirmación contraria. Pero alejarse de sus propias creencias para examinarlas con objetividad resulta virtualmente imposible.

Es probable, desde la perspectiva exclusivista, que sucedan dos cosas: 1. Que el desacuerdo solo refuerce a cada uno de los distintos creyentes en su fe y le haga pensar que su religión es la única verdadera (así, exclamará: "¡Por dios!, cómo es posible que todavía hoy haya alguien que piense que existen muchos dioses, ¡qué primitivo!"; o bien, dirá: "¡En qué cabeza cabe que los homosexuales puedan casarse, es antinatural!"). Quien piensa de este modo exclusivista tenderá a ver todas las otras creencias religiosas como falsas, como meras supersticiones, cuando no como alguna forma de culto demoniaco. Por lo mismo, se escandalizará cuando vea que las otras religiones se expanden, que florece el error. Esta posición abona a la intolerancia, como lo señaló Hume. 2. Otra cosa que puede suceder es que el desacuerdo irresoluble sobre una creencia la socave intelectualmente y se pierda confianza en ella; esto puede llevar a la conversión religiosa o a la pérdida de fe. En el caso de la conversión se ha llegado a un acuerdo; con la pérdida de fe no, a menos que el debate haya sido con un ateo muy convincente.

Mucho de lo que he dicho acerca del diálogo sobre cuestiones sustantivas entre creyentes, desde la perspectiva exclusivista, es aplicable al que ocurre con los no creyentes. El creyente apela a algo que el no creyente simplemente no tiene: fe. Cuando el no creyente pide razones de fondo, llegará un punto en que el creyente solo pueda ofrecer su fe, y la fe es un límite a la argumentación racional. Esto es inaceptable para el no creyente, por lo menos para el no creyente ilustrado.

De modo que el exclusivismo, aunque reconoce los desacuerdos, no parece tampoco tener una posición que ayude al diálogo interreligioso y con los no creyentes, al menos sobre cuestiones sustantivas, que no son negociables. Aunque ocasionalmente puede llevar a la conversión religiosa, el diálogo sobre cuestiones religiosas sustantivas, insisto, es probable que no sea fructífero en el sentido de que resuelva desacuerdos sobre esos asuntos. En cuestiones religiosas sustantivas, gente razonable naturalmente tiende a estar en desacuerdo. Es más, podríamos ir más lejos y parafrasear las palabras de Milan Kundera, quien a su vez parafrasea un proverbio judío que dice: "El hombre piensa, dios ríe" (1988: 146). ¿Por qué ríe dios al observar a los hombres que piensan y dialogan? Porque cuanto más piensan y dialogan los hombres, más lejano está el pensamiento de uno del pensamiento de otros. Sobre cuestiones sustantivas, mientras más dialogamos es probable que más nos encontremos en desacuerdo. (Podría llevar más allá mi escepticismo y mi pesimismo acerca del acuerdo y afirmar que, cuando finalmente nos ponemos de acuerdo sobre cuestiones sustantivas, eso revela que algo anda mal; como decía Baudelaire: "El mundo *solo* marcha mediante el malentendido. Y todo el mundo se pone de acuerdo mediante el malentendido universal. Pues si, por desgracia, llegaran a comprenderse, jamás podrían ponerse de acuerdo" [Baudelaire 1961: 987]. La comprensión mutua no implica coincidencia, en tanto en donde hay coincidencia no hace falta un entendimiento sobre algo.) Entonces, ¿qué tipo de diálogo puede ser fructífero?

Creo que puede haber distintos tipos de diálogo interreligioso y con los no creyentes que sean fructíferos en el sentido de que nos conduzcan a acuerdos benéficos para todos, y esos son los que deberíamos de promover.[7] Pienso, por ejemplo, en un tipo de diálogo que busca tener un mejor conocimiento del otro, o el que busca reconocer valores comunes, o el que busca la promoción conjunta de la paz o la reconciliación después de heridas históricas causadas por afrentas o enfrentamientos religiosos, o el que busca realizar labores sociales conjuntamente. Son tipos de diálogo que tienen objetivos prácticos. Como en el diálogo sobre cuestiones sustantivas, nada garantiza que lleguemos a acuerdos, pero aquí existe una presión práctica para actuar, aun cuando sigamos en desacuerdo. Lo mismo puede suceder con otro tipo de diálogo –que es el que más debemos buscar–, porque es el diálogo más fructífero existente, porque tiene relación con las circunstancias que permiten la coexistencia entre los distintos credos; aquel, por ejemplo, que busca reconciliar distintos enfoques sobre la libertad religiosa, la tolerancia y la laicidad del Estado.

La diversidad de creencias en conflicto entre creyentes, y entre estos y los no creyentes, es tan grande, que es probable que nuestros desacuerdos sobre cuestiones sustantivas crezcan con el diálogo. Sin embargo, tenemos que vivir juntos y, en general, hoy en día tendemos a estar de acuerdo en que la violencia no es el medio para resolver nuestros desacuerdos, eliminando a quien no piensa como yo; necesitamos de la tolerancia, del respeto mutuo y de condiciones que permitan que yo pueda seguir manteniendo mis creencias, en un ambiente donde los otros piensan que estoy equivocado.

Ya se habrá notado la conexión que tienen el pluralismo y el exclusivismo con la idea de tolerancia. Si para el pluralista no importa lo que el otro crea porque básicamente estamos de acuerdo, entonces la tolerancia no es necesaria. El exclusivista sí necesita de la tolerancia, porque piensa que el otro está equivocado y se horroriza cuando el error florece, pero el otro piensa exactamente lo mismo de él, de modo que se dan las condiciones para la intolerancia

---

[7] Sigo aquí, en sus líneas generales, algunas ideas de Arinze (2001). Véase también Huang (1995).

y la rencilla. Cuando se proclaman y se quieren imponer verdades religiosas absolutas –por ejemplo, a través de la violencia o de la complicidad del Estado– no hay espacio para la pluralidad ni para el diálogo. Por eso tendríamos que promover un diálogo sobre las condiciones que permiten que convivamos en la diversidad con respeto y tolerancia. Un diálogo, por ejemplo, sobre el modelo de sociedad y el diseño de las instituciones que impidan a las mayorías religiosas aplastar a las minorías.[8]

Históricamente hemos encontrado que el Estado democrático, liberal, pluralista y laico nos da las mejores condiciones para que se lleve a cabo ese diálogo, porque respeta el derecho de cada individuo de tener sus propias convicciones religiosas sustantivas, esto es, respeta la diversidad religiosa. También nos da las mejores condiciones para la resolución de desacuerdos sustantivos que llevan a conflictos prácticos entre los distintos creyentes y entre estos y los no creyentes (como aquellos relacionados con el lugar de la mujer en la sociedad, con la penalización del aborto, con el matrimonio homosexual, con la participación de los religiosos en política, etcétera), porque, idealmente, un Estado laico funge como un árbitro neutral e imparcial: un Estado lo más imparcial que sea posible acerca de concepciones sustantivas del bien en una sociedad plural, un Estado que no favorezca a una asociación religiosa sobre las otras, una visión del mundo y una concepción del bien por sobre las de los distintos no creyentes. Si lo hace, está pasando por encima de sus derechos: una de las funciones de los derechos es la de proteger los intereses de las minorías frente a la acción de distintas instituciones sociales, como las asociaciones religiosas y el Estado.

Pero no todos, creyentes y no creyentes, entendemos de la misma manera qué significa "laicidad", "libertad religiosa", "tolerancia" y otros términos. Por eso, no puede haber un diálogo más fructífero que ese: un diálogo sobre qué entendemos por estos términos y sus implicaciones. No sé si el acuerdo aquí sea posible, pero existe una presión práctica para ponernos de acuerdo y

---

[8] No puede haber diálogo si no se pasa de un nivel de discusión a otro, por ejemplo, de la discusión religiosa a la política, que es algo que han afirmado filósofos como John Rawls y Jürgen Habermas. Para el primero, por ejemplo, los agentes no dialogan como participantes de lo que llama las "concepciones comprensivas del mundo", sino en tanto agentes que también pertenecen a una comunidad política.

actuar de manera conjunta, incluso aunque después sigamos estando en desacuerdo. La presión práctica proviene del hecho de que este es un diálogo sobre
las condiciones de posibilidad del diálogo mismo entre los distintos creyentes
y entre estos y los no creyentes. Sin ese diálogo es posible que los otros tipos
de diálogo –el diálogo sobre cuestiones religiosas sustantivas, el que busca el
conocimiento mutuo o el que tiene fines sociales– nunca se puedan realizar.
Tanto creyentes como no creyentes deberíamos de dialogar sobre eso y buscar
llegar a acuerdos en beneficio de todos.

Referencias

Arinze, F., "The Church and Interreligious Dialogue", *Logos: A Journal of Ca-
tholic Thought and Culture*, vol. 4, núm. 1, 2001, pp. 156-177.

Barrett, G., D. Kurian y T. Johnson (comps.), *World Christian Encyclopedia*,
Oxford, Oxford University Press, 2001.

Baudelaire, Ch., *Mi corazón al desnudo. Obras*, Trad. N. Lamarque, México,
Aguilar, 1961.

Dewey, J., "La religión *versus* lo religioso", *Una fe común*, Buenos Aires, Losada,
2005.

Hick, J., *God has Many Names*, Filadelfia, Westminster Press, 1980.

Huang, Y., "Religious Pluralism and Interfaith Dialogue: Beyond Universalism
and Particularism", *International Journal for Philosophy of Religion* 37, 1995,
pp. 127-144.

Hume, D., *Historia natural de la religión*, Trad. C. Mellizo, Madrid, Tecnos, 1992.

Kundera, M., *El arte de la novela*, México, Vuelta, 1988.

Montaigne, M., *Los ensayos*, Trad. J. Bayod Brau, Barcelona, Acantilado, 2007.

Ratzinger, J., "Relativism: The Central Problem for Faith Today", *The essential
Pope Benedict XVI*, Nueva York, Harper-Collins, 2008.

———, Discurso a la curia romana del 21 diciembre 2009 [en línea], disponible en <www.cultura.va/content/cultura/es/dipartimenti/ateis-
mo-e-non-credenza/discorso-di-fondazione-di-benedetto-xvi.html>.
Consultado el 4 de septiembre de 2021.

Ratzinger, J. y P. Flores D'Arcais, *¿Dios existe?*, Madrid, Espasa, 2008.

Religious Tolerance [en línea], disponible en <www.religioustolerance.org/worldrel.htm>. Consultado el 4 de septiembre de 2021.

Watchman Fellowship [en línea], disponible en <www.watchman.org/index-of-cults-and-religions>. Consultado el 4 de septiembre de 2021.

Wojtyla, K., "El hombre redimido y su situación en el mundo contemporáneo", *Cristo, Salvador del mundo de hoy*, Salamanca, Secretariado Trinitario, 1980.

Zagzebski, L., *Philosophy of Religion. An Historical Introduction*, Oxford, Blackwell, 2007.

Arrogancias de la fe, dogmatismos de la razón

Luis Xavier López Farjeat

a Javier Sicilia

1

El diálogo entre creyentes y no creyentes en México ha sido prácticamente estéril. El debate está polarizado y rara vez resulta constructivo. Las dos partes tienen algo en común: su arrogancia y su dogmatismo. Por una parte están los partidarios de un laicismo radical que suelen promover la eliminación de cualquier forma de religiosidad del espacio público; por otra, existen sectores extremistas cuyo objetivo primordial es reinstaurar, a cualquier precio, la presencia de la religión en ese mismo espacio y pretenden que la política y la moral pública se rijan a partir de los valores y creencias derivados de su propia tradición. Ni unos ni otros pueden tolerar una sociedad plural.

Es cierto que entre ambos extremos hay posturas moderadas. Así como hay creyentes críticos de su tradición, abiertos y condescendientes ante otras formas de pensar, existen no creyentes abiertos a las manifestaciones de religiosidad que incluso simpatizan con aquellos creyentes capaces de evaluar y justificar sus tradiciones armonizándolas con un Estado laico. Sin embargo, aun cuando la conversación entre quienes tienen visiones distintas y hasta contrarias podría resultar fructífera, la realidad es que en México no es fácil armonizar nuestras diferencias. Somos herederos de los extremismos: por un lado, de un feroz anticlericalismo, y por otro, de una religiosidad tan fervorosa como sentimentalista.

El Estado mexicano no puede ni debe dejar de ser laico. Desde su laicidad, sin embargo, debería ser capaz de contemplar libertades y derechos fundamentales, como la libertad de creencias y la libertad de confesión. No obstante, cuando en México se plantean cuestiones como estas, por ejemplo, con la reforma del artículo 24 constitucional, resalta de inmediato la incapacidad tanto de los legisladores como de los representantes de las Iglesias –en especial la católica– y demás sectores religiosos para adoptar posturas inteligentes en vez de imponer sus propias agendas e intereses. Si las instituciones religiosas estuviesen dispuestas a mantenerse alejadas de los juegos de poder que tanto han deteriorado nuestro país, y se plantearan seriamente la manera de recuperar su autoridad moral, quizá estarían en condiciones de mostrarles a los opositores a la reforma del artículo en cuestión que la libertad religiosa no supone un peligro para la laicidad del Estado y que, al contrario, garantizar la libertad religiosa fortalece el laicismo, el pluralismo y la democracia.

En México, el diálogo entre creyentes y no creyentes es prácticamente inexistente. Son más frecuentes la agresión y la descalificación entre ambos. Existe, en el mejor de los casos, la "negociación" con tintes políticos y, en pocos casos y de vez en vez, las buenas intenciones. Si acaso por ello es oportuno un diálogo constructivo entre creyentes y no creyentes; también entre creyentes de distintos credos. Este diálogo no puede ser superficial ni centrarse en trivialidades. Tampoco podemos ser ingenuos: habrá premisas –dogmas y artículos de fe– no negociables y, por tanto, el diálogo tiene límites. Estos habrían de centrarse en el sentido de Dios y lo sagrado, en el valor de la espiritualidad y, por tanto, habría de contribuir al renacimiento de una forma de religiosidad más sincera, menos arrogante, y capaz de incidir positivamente en los problemas humanos, tanto locales como mundiales. Para ello sería deseable que las religiones se sometiesen a un riguroso proceso de autoevaluación, que fuesen capaces de promover la autocrítica y ocuparse del verdadero encuentro con las aflicciones de los seres humanos. El diálogo, a mi juicio y en sintonía con varios teólogos contemporáneos, abarca tres flancos: el intrarreligioso, el intercultural y el interreligioso. Si se toma en serio, el diálogo obliga al abandono de una falsa seguridad y, por tanto, desestabiliza nuestros sistemas de creencias.

No es raro, por ello, que algunos sectores, religiosos y no religiosos, se resistan a esta clase de ejercicios.

2

La complejidad de un mundo pluricultural hace de estos tres flancos de diálogo algo necesario en un escenario particular en el que conviven dos tendencias en principio incompatibles: por una parte, el creciente secularismo y, por otra, la necesidad de rellenar los vacíos que ha dejado el abandono de la religiosidad y que paradójicamente ha derivado en un sinnúmero de nuevas experiencias religiosas. Las religiones tradicionales pasan ahora por un proceso de hibridación cultural. El mundo está habitado por no creyentes y creyentes de lo más variopintos. El sincretismo y la inculturización, el relativismo cultural y al mismo tiempo la defensa radical de las identidades, son algunos de los fenómenos derivados de la globalización. Estamos, pues, obligados a pensar la sociedad, la política y la economía, la moralidad y la estética, en un marco ecléctico y culturalmente híbrido. Es prácticamente imposible resguardarse tras las barreras de una tradición inerte. Si alguna religión está dispuesta a cerrarse ante cualquier posibilidad de diálogo, estará destinada al anquilosamiento. Su arrogancia y su monopolio de la verdad se transformarán paulatinamente en su peor enemigo: atrincherarse ante los "peligros de la vida moderna" con el afán de conservar la pureza de una tradición es el peor obstáculo para construir valores comunes y positivos que podrían contribuir a hacer frente a problemas graves, como la violencia y la injusticia, la pobreza y la explotación, la corrupción y la indiferencia ante el dolor humano, el abuso irracional de los recursos naturales y el consecuente deterioro del planeta.

Deberíamos transitar hacia formas de religiosidad en las que de modo real el centro fuese la caridad y benevolencia ante el prójimo, el consuelo espiritual y el resurgimiento de lo sagrado. Sostengo, por ello, la necesidad del diálogo intrarreligioso, porque es deseable que las religiones estén atentas a sus fracturas internas y que hagan su mejor intento por reencontrarse con lo que las une. Es deseable que, en especial las religiones abrahámicas, consigan aminorar las tensiones entre tradición y modernidad y logren adaptar sus doctrinas y enseñanzas a las necesidades de un mundo que reclama un proceso de rehumanización con la colaboración de todos los sectores, tanto los religiosos como los no religiosos. Por ello es también deseable y sumamente necesario el fortalecimiento del diálogo intercultural e interreligioso. Sabemos que hoy se organiza un número considerable de reuniones convocadas por distintas Iglesias e instituciones con el objetivo de promover el diálogo interreligioso. Sin embargo, es deseable que esos encuentros cristalicen en una colaboración mucho más estrecha que sirva para mejorar y enriquecer la convivencia social y, sobre todo, para promover labores humanitarias que verdaderamente apoyen a los sectores más vulnerables, a los pobres y a los marginados. Ello supondría la suspensión del adoctrinamiento con la finalidad de hacerse de más seguidores; estamos en un momento histórico en el que lo que importa es el ser humano y no su credo, sus tendencias políticas o preferencias sexuales.

Sin embargo, no quisiera ser ingenuo. He usado intencionalmente la fórmula "es deseable que...". Entiendo que, especialmente para los cristianos y los musulmanes, no es sencillo renunciar al apostolado y al proselitismo. Creo que algunos sectores cristianos y musulmanes muestran formas de religiosidad muy problemáticas, y por ello es esencial encontrar las maneras de hablar y convivir con ellos. En muchos otros lugares he advertido los riesgos de la generalización: no todo musulmán es terrorista ni todo sacerdote católico es pederasta. Las generalizaciones impiden construir el diálogo. Lo mismo sucede con los estereotipos. Es muy riesgoso construir las bases del diálogo sobre estereotipos. Y esto se da no solamente entre los creyentes de religiones distintas sino también entre creyentes y no creyentes. Muchas veces el no creyente tiende a identificar cualquier forma de religiosidad con fanatismo, superstición, superchería y falta de inteligencia; el creyente tiende a pensar que el no creyente es un ingenuo racionalista, un soberbio cientificista que equivoca sus argumentos porque no cree en el misterio de lo sagrado. Los estereotipos podrían llevar algo de verdad. Es cierto que hay fanáticos intransigentes, pero también es cierto que los dogmatismos de la razón pueden ser tan violentos como la irracionalidad. Hay arrogancias de la fe y arrogancias de la razón. Las arrogancias, sin duda, son un gran inconveniente en el momento de dialogar.

No es raro encontrarse, por otra parte, con que existe gran confusión alrededor de lo que debería entenderse por "diálogo", y particularmente por "diálogo intercultural" y "diálogo interreligioso". Cuando creyentes y no creyentes o creyentes de religiones distintas se reúnen para dialogar, es fácil que se generen falsas expectativas o, por el contrario, el encuentro se vea como algo estéril. El primer caso sería el de quienes esperan que el diálogo provoque en los creyentes un cambio radical en sus formas de pensar y, al notar que no sucede tal cosa, mira en la actitud de los creyentes un empecinamiento prácticamente irracional. El segundo caso es el del realista que, consciente de que quienes han abrazado una tradición difícilmente cambian sus modos de pensar, sabe que los invitados a las reuniones ecuménicas e interreligiosas salen siempre sosteniendo la misma postura con la que llegaron. Los diálogos intercultural e interreligioso difícilmente concluyen con la modificación radical de las creencias de unos y otros. Sirven, sin embargo, para comprender en detalle las creencias, inclinaciones, deseos, motivaciones y modos de pensar de quienes son distintos de nosotros.

Se decepcionará algún ingenuo si se le informa que en estos casos el diálogo no sirve en modo alguno para eliminar creencias, opiniones y puntos de vista divergentes. El diálogo, por fortuna, no sirve para homogeneizar la diversidad de creencias. Por ello, tampoco es posible crear una nueva religión mundial del mismo modo en que algunos han alegado la necesidad de un gobierno mundial. Dialogar en este caso es conversar para comprender distintas mentalidades, pero también para descubrir –y con ello habremos dado un gran paso– que la verdad no es homogénea, que no podemos secuestrarla o volverla rehén de un monopolio ideológico.

3

Renunciar al monopolio de la verdad es esencial para poder establecer un diálogo fructífero. Pero dicha renuncia no conduce necesariamente ni al relativismo cultural ni al relativismo religioso. El diálogo y la reflexión racional nos permiten detectar y construir valores morales comunes. La pluralidad cultural no elimina la posibilidad de que existan valores morales compartidos. En un contexto como el mexicano es urgente detectar y promover esos valores morales. En nuestro entorno dominado por la violencia y la criminalidad, por el clasismo y la pobreza, por la injusticia y el egoísmo, por la discusión política estéril y la falta de un proyecto de nación lo suficientemente sólido, las religiones habrían de jugar un papel relevante; estas podrían contribuir al resurgimiento y promoción de dichos valores morales comunes. Ello supone, como es evidente, renunciar también al monopolio de la moral y promover una forma de espiritualidad centrada en la paz, la benevolencia, la solidaridad, la hospitalidad y la caridad.

Las Iglesias y las religiones habrían de promover la unidad, la justicia y la no violencia en vez de la exclusión, la polarización y el conflicto. México pasa por un momento en donde las religiones deben asumir la enorme responsabilidad que supone el surgimiento de una espiritualidad capaz de estar a la altura de los nuevos desafíos morales y cerca de las aflicciones humanas. La Iglesia católica y demás comunidades religiosas no pueden seguir comportándose como partidos políticos en busca de adeptos ni siguiendo el juego de la clase gobernante. Las comunidades religiosas –especialmente las dominantes, como la católica, en el caso de México– han de redefinir claramente su lugar y asentarse como caminos de espiritualidad y trascendencia y, sobre todo, han de restablecer su autoridad moral.

El Atrio de los Gentiles ha sido convocado por la Iglesia católica y, por ello, me parece oportuno referirme a la responsabilidad que tiene como Iglesia dominante en México. La historia de la Iglesia católica y la historia de México tienen mucho en común: las dos están marcadas por muchas cicatrices y por heridas todavía abiertas. En un contexto como el mexicano, en donde poco puede hablarse de pluralidad religiosa, puesto que, en efecto, por siglos el catolicismo ha sido mayoría, la Iglesia católica mexicana no debe comportarse de manera abusiva, por el contrario, debe acercarse de manera amistosa y dialógica a otras comunidades religiosas. Aunque existe en la Iglesia católica una labor apostólica, en México pasamos por momentos en donde lo pertinente es unir fuerzas para combatir la violencia, en donde la prioridad debiera ser el auxilio y el apoyo humanitario a los más débiles, a los afligidos, los desprotegidos, los hambrientos, los pobres, los excluidos, los explotados, los abusados y las víctimas de injusticia.

En el estado de emergencia por el que atravesamos en nuestro país, las diferencias han de dejar de importar: lo humano es acompañar a nuestro prójimo –quienquiera que sea– en el dolor y la desgracia. En este sentido, la labor del padre Alejandro Solalinde con los migrantes ha sido excepcional y es un verdadero ejemplo de lo que supone es la entrega a los necesitados. Pero este es quizás un caso aislado. Mientras la Iglesia y las demás comunidades religiosas no se pronuncien de manera tajante y contundente, mientras no actúen consecuentemente y por razones políticas solapen las matanzas, los asesinatos, el abuso, la opresión de los débiles y los pobres, la corrupción y la mentira, seguirán siendo vistas como instituciones poco confiables y, sobre todo, estarán siendo cómplices de lo que sucede en nuestro país, a saber, la trivialización del mal y la violencia.

México pasa por un momento vergonzoso, indignante, sumamente lastimoso. La falta de unidad entre los integrantes de la sociedad civil mantiene a una buena porción de la población en un estado de indiferencia moral y aletargamiento cívico. Por ello, considero oportuno el trabajo conjunto de los distintos sectores religiosos y no religiosos para despertar a la sociedad, para alzar la voz ante los abusos de los poderosos y para trabajar de la mano de los desprotegidos, insisto, sin importar quiénes sean.

Una de las enseñanzas más bellas de la tradición cristiana se encuentra en la parábola del samaritano. Se trata, a mi juicio, de un relato del que habríamos de aprender creyentes y no creyentes. En *Los ríos al norte del futuro*, Iván Illich se adentra en una interpretación extraordinaria de esta parábola. Se pregunta, ¿quién es el samaritano? Y responde: "Un fuereño despreciado que no ora en el templo y que proviene del reino norte de Israel".[1] Y él es quien recoge al herido, venda sus heridas y lo aloja en un hostal en donde paga para que sea atendido hasta su recuperación. Desde entonces, explica Illich, se ha entendido que el buen samaritano es un amigo en la necesidad. Sin embargo, el

---

[1] Iván Illich, *Los ríos al norte del futuro*, México, Aliosventos Ediciones, 2019, p. 94.

contexto de esta historia es más relevante de lo que parece; hay que imaginar a un palestino asistiendo a un judío herido. Escribe Illich:

> Aquel es alguien que no solo excede la frontera de su preferencia étnica, que es cuidar exclusivamente a los suyos sino que, además, comete una especie de traición al brindarse a su enemigo. Su acto es un ejercicio de libertad de elección cuya radical novedad ha sido, muy frecuentemente, pasada por alto.

Sostiene Illich que es aquí donde encontramos que no existe forma de categorizar quién es mi prójimo porque todo ser humano lo es. La postura de Cristo es, en efecto, escandalosa y destructiva frente a quienes prefieren el conflicto y la polarización. En ella encontramos un llamado a una actitud moral, a un valor común indispensable para hacer brotar una forma de espiritualidad y una comunidad humana transformada: es cortesía, hospitalidad, benevolencia. Por ello, no vendría mal que la Iglesia católica evaluara si ha sido coherente con los principios básicos de Cristo, si ha conseguido que sus seguidores tomen actitudes lo suficientemente morales, si ha promovido que los católicos desempeñen un papel más crítico ante los excesos de sus jerarcas y personajes influyentes.

4

Las religiones podrían contribuir a la cohesión social. Sin embargo, en México las relaciones entre la Iglesia dominante, la católica, y el Estado han sido desde siempre tirantes, aunque en algunos casos cómplices y complementarias. Sería sano para México dejar atrás un laicismo anticlerical y decimonónico, y se transitara hacia un laicismo moderno y se apostara por la creación de un espacio público más plural y democrático. Sin embargo, la construcción de ese espacio no es posible sin la participación sincera, responsable y desinteresada de la Iglesia católica y las demás Iglesias y comunidades religiosas. Mientras prime la arrogancia y el dogmatismo de los agentes involucrados, poco podrá abonarse a favor de la unidad social. Creo por ello que es deseable un ejercicio autocrítico de las religiones en la esfera pública.

Nuestro país requiere la creación de espacios de estudio y discusión de altura en materia teológica y religiosa. Es una pena que la UNAM, nuestra máxima casa de estudios, no cuente con una facultad de teología o, al menos, de estudios religiosos, porque se sigue pensando que ello atenta contra el laicismo, porque se sigue sospechando –con cierta razón– que los estudios teológicos y religiosos son sinónimo de adoctrinamiento. Sin embargo, la universidad pública ofrecería un espacio neutro idóneo para poder aprender y discutir con objetividad los planteamientos teológico-filosóficos de todas las tradiciones para revisar con rigor los argumentos teológicos de judíos y musulmanes, de católicos y luteranos, anglicanos y calvinistas, etcétera.

Ello contribuiría notablemente a elevar el nivel del debate pues, sin duda, para que el estudio profundo del *factum* religioso sea posible en un país con una tradición laica como México, es esencial una participación más inteligente y reflexiva de los agentes religiosos y no religiosos en la esfera pública. Es cierto que la visión que algunos ateos y agnósticos tienen de la religión es parcial y sesgada. Pero al mismo tiempo es cierto que en muchos casos el papel de los agentes religiosos en la esfera pública ha sido irresponsable: ha habido descalificaciones, dogmatismos e intransigencias de su parte; en no pocas ocasiones han sido acríticos consigo mismos y, además, algunas de sus actitudes morales, de lo más incongruentes y reprobables, han contribuido a acrecentar el odio de aquellos que ya miraban con recelo y suspicacia a la religiosidad.

El escaso diálogo entre creyentes y no creyentes es lamentable porque, aunque el verdadero diálogo no disuelva las diferencias, sí contribuye a la detección de algunos valores compartidos, sí posibilita el autocuestionamiento y la reflexión. Cuando los interlocutores poseen el talante moral adecuado, los radicalismos se debilitan y, a pesar de las diferencias, podemos construir desde aquello que nos hace iguales: nuestra condición humana. Confío en que el Atrio de los Gentiles constituya en verdad un espacio para conversar derribando prejuicios y, sobre todo, renunciando a las arrogancias de la fe y a los dogmatismos de la razón.

Diálogo, arte y violencia

Enrique G de la G

1

Deseo empezar con una observación general a manera de tesis: en México se yerguen las formas por encima de los contenidos. Esto se evidencia cuando el mexicano prefiere la fiesta a la reflexión, cuando multiplica los automóviles sin evaluar el daño al ambiente o cuando celebra a la virgen de Guadalupe sin saber –sin que le interese saberlo– que se trata de una muestra más de la tradición pictórica de la Inmaculada Concepción. El carácter del mexicano está en las antípodas del carácter reflexivo del minucioso alemán.

El arte ofrece motivos de encuentro entre creyentes y no creyentes, que se pueden aprovechar para revisar las propias convicciones, creencias y posiciones estéticas, y para entablar un diálogo que doblegue las arrogancias de la razón. En lamentables ocasiones derivan en actos de intolerancia y de violencia, pues toda oportunidad de encuentro es también una potencial oportunidad para el desencuentro. A propósito del arte distingo tres escenarios principales donde puede darse –o cegarse– este posible encuentro.

Sostengo que la mayoría de las veces, aunque no siempre, el creyente (me refiero ante todo al católico mexicano *promedio*) adopta una posición ingenua frente al arte contemporáneo. No es de extrañar, pues dos ideas rectoras tienden a estancarse en su mente. Primero, que el verdadero arte busca la belleza (las representaciones típicas de la Inmaculada Concepción pretendían mostrar la beatífica belleza de María) y, segundo, que el arte es una ocasión de proximidad con lo divino (los cristos cuajados de heridas intentaban mover al fiel a la piedad y al arrepentimiento, a la contemplación de la pasión de Cristo y la expiación de los propios pecados). El creyente pocas veces se da cuenta de que esos mecanismos del arte fueron aventajados hace tiempo y que el arte moderno funciona con nuevas categorías. No es infrecuente que el creyente lo descalifique y le parezca una tontería del mercado o de la publicidad. Para el artista contemporáneo es el creyente carnada fácil, y sus creencias son un aliciente a la provocación.

Cuando la lleva a cabo, el creyente exige la censura por parte de la autoridad so pretexto de que lastima sus creencias personales; en casos extremos se las arregla incluso por sí mismo. Sonado fue el caso hace unos años de la litografía *La patrona*, de Manuel Ahumada, un Juan Diego en cuyo ayate el cuerpo desnudo de Marilyn Monroe reemplazaba al de Guadalupe. Tras conatos de censura, dos jóvenes destruyeron la obra en el museo tapatío en que estaba expuesta. Mientras la policía los detenía y encarcelaba, la jerarquía católica local encomiaba la acción y ofrecía pagar la fianza para liberarlos. La patética reacción de la clerecía denota su absoluta ignorancia respecto de los engranajes del arte moderno. Pero lo peor fue que celebrara a los pillos.

Siempre habrá Ahumadas que conviertan a Guadalupe en Marilyn Monroe, o Alfred Hrdlickas que hagan de la *Última cena* una orgía homosexual, como sucedió hace unos años en Viena. Más recientemente, en Francia, muchos católicos se han opuesto a *Gólgota picnic*, del dramaturgo argentino Rodrigo García. Los artistas se han vuelto provocadores profesionales y atizarán siempre –a menos que sean sus mecenas– a las instituciones religiosas, políticas, etcétera.

Flemming Rose, el editor danés detrás del escándalo por la caricatura de Mahoma con una bomba en el turbante, acuñó el término "fundamentalismo del insulto" para denunciar la censura so pretexto de que se lastiman los sentimientos –ante todo religiosos– de los ciudadanos.

¿Por qué deben protegerse los sentimientos religiosos y no los deportivos o musicales? Concuerdo con Rose cuando aduce que los ciudadanos de las democracias modernas –en este mundo con diferencias tan marcadas y con una variedad de estándares, tabúes y moralidades– necesitan desarrollar una piel más gruesa hasta adquirir la capacidad de aceptar que se les ofenderá algunas veces en sus preferencias personales. En nuestras democracias no debería haber el derecho a no ser ofendido en materia de preferencias personales, pues la pluralidad implica disenso.

El creyente, sin embargo, arguye que las creencias religiosas son asuntos sagrados, no meras "preferencias personales", como la afición al ajedrez o el gusto por la ópera. De acuerdo, pero es propio del Estado secular tratar a todos los ciudadanos con la misma vara, sin distinciones. Y si alguien aduce que sus convicciones dancísticas son sagradas porque remiten a las deidades prehispánicas, por poner un caso hipotético, no podrá establecerse un nuevo baremo. Pienso que las creencias religiosas, así como las deportivas, musicales, dancísticas, humorísticas, etcétera, caen dentro del amplio ámbito de las creencias personales, y que, como bien decía Rose, no puede aducirse un presunto derecho a no ser disgustado. Más bien cabe contar con que, en una democracia, todos los días se le increpará en estos aspectos, y que habrá, por lo menos, que resistir. Quizás un símil cercano son las mentadas de madre en medio del tráfico, que ya nadie las toma literalmente como un insulto a la madre, ya ni siquiera se atienden, apenas se escuchan. En el peor de los casos creo que algo parecido debería ser la postura del creyente frente a estas provocaciones.

Con todo, lo ideal sería que a partir de esta provocación el creyente se acercara a dialogar con el no creyente. Pero justo ahí se cifra el conflicto. Al llevar el artista la provocación a un nivel íntimo y sagrado, difícilmente estará dispuesto el creyente a dialogar con alguien que se mofa de sus creencias religiosas. Pero debe captar que solo el diálogo puede beneficiarlo a él, que le servirá para modificar sus parámetros de tolerancia y –si se quiere– de caridad. La censura, el escándalo y la gritería solo benefician al artista provocador.

Hay una segunda oportunidad de encuentro entre creyentes y no creyentes que ocurre cuando, en contadas excepciones, una facción de la Iglesia más progresiva –digamos– comisiona una obra de arte de carácter sacro a un artista no creyente. No es raro que genere gritería hacia el interior de la Iglesia, reacción que no es privativa de México. Se dio por ejemplo hace pocos años en Alemania, cuando el ateo Gerhard Richter elaboró los vitrales de la catedral de Colonia. Primero, los responsables del proyecto convencieron a Richter, y después a las autoridades eclesiásticas respectivas. Pero el arzobispo local, el cardenal Joachim

Meisner, criticó el trabajo porque, al ser abstracto y no representar ninguna figura, le pareció más propio de una mezquita que de un templo cristiano. En tanto, al cardenal se le criticó que su mentalidad es fundamentalista y genera distancia respecto de un diálogo entre creyentes y no creyentes. Antes de Richter, otro ateo, el arquitecto brasileño Oscar Niemeyer, había diseñado la catedral de Brasilia y el templo de san Francisco en Belo Horizonte, cuya consagración se postergó casi dos décadas, alegando que la factura artística no era propicia para manifestaciones religiosas.

Pero, ¿qué es lo propicio? Parece haber un círculo vicioso: la estética oficial tiene poco que ver con lo moderno, y al dejarlo fuera se estanca la sensibilidad estética del creyente. Los creyentes aún no parecen estar del todo preparados para abrir las puertas de sus templos a estéticas progresivas. Así me lo sugiere una conversación reciente con un amigo creyente. Sus objeciones eran:

> La finalidad de que un artista decore mi templo es que el templo me guste a mí, que soy el que lo va a usar; no que él reciba un espacio para *experimentar* y para expresar sus conflictos internos. ¿Por qué debería yo, como católico, contratar a alguien para que decore un templo como no me gusta? ¿Por qué tiene que ser el templo un lugar de educación o *refinamiento* en el arte contemporáneo?, ¿por qué me tiene que gustar el arte contemporáneo? ¿Por qué debo asumir que un artista que no cree en Dios es capaz de realizar obras que me hablen de Él? ¿Por qué debo suponer que los artistas ateos entienden el fenómeno religioso?

Sobra decir que nadie tiene la obligación de contratar a nadie ni nadie tiene la obligación de apreciar determinada propuesta artística. En gustos se rompen géneros. Pero no está de más recordar que, durante siglos, los templos cristianos fueron lugares de experimentación estética y en Europa marcaron incluso los ritmos de las épocas según las creaciones arquitectónicas más osadas y las posibilidades técnicas que se iban conquistando. La diferencia entre esas épocas y la actual es que antes los creyentes eran artistas de vanguardia y hoy rara vez lo son.

Como destaca Ratzinger en su *Vía Crucis*, artistas no creyentes como el judío Marc Chagall también han incursionado en épocas recientes –con notable factura– en el arte sacro. Chagall hizo vitrales en algunas catedrales suizas y francesas, ilustró el famoso Antiguo Testamento, trabajo que le llevó décadas, pintó vírgenes, sagradas familias, etcétera. Y esto habla bien de los creyentes que en su momento estuvieron abiertos a propuestas estéticas desde fuera, así como ahora algunos propugnan porque el videoarte sea acogido como una disciplina del arte sacro.

Además, históricamente el arte sacro se ha alimentado también del arte profano. La basílica cristiana no es sino un calco de las basílicas romanas, esos edificios civiles que comenzaron a surgir unos 200 años antes de Cristo. Y en México –sobre esto abundaré más adelante–, lo *kitsch* ha conquistado por igual los altares y las celebraciones de Navidad como los bares y el futbol.

Creo que, en este sentido, las artes plásticas se prestan a un diálogo constructivo. Aunque me parezca difícil –pero no imposible– que un no creyente haga versos místicos, en las artes plásticas es posible que artistas no creyentes se ejerciten con acierto en el arte sacro. En México, por ejemplo, se consagraron el nuevo retablo y presbiterio de la catedral de Zacatecas, hechos por Javier Marín, un artista no creyente, si estoy bien informado. La magnífica obra ha satisfecho y descollado entre sus pares. Los numerosos elogios parecen presagiar una nueva etapa en la relación entre creyentes y no creyentes en México que, como ejemplifica este caso, puede ir más allá del diálogo para convertirse en una auténtica cooperación, si se vencen las inercias.

El tercer caso se da, de alguna manera, a la inversa, cuando los prejuicios previenen al no creyente de la calidad artística de los creyentes. La basura que adorna las iglesias, las canciones parroquiales, todo eso que ha devenido en pseudoarte piadoso y el anticuado gusto estético de muchos creyentes alarman al no creyente que ha gozado de una educación ilustrada y ha desarrollado un gusto sofisticado. Pero –más allá de Fra Angelico, Miguel Ángel y Rembrandt– también hoy existen buenos artistas creyentes de los cuales vale la pena nutrirse.

En esta tesitura resulta esclarecedor el testimonio del inglés Nick Hornby a propósito de *Gilead*, una novela de Marilynne Robinson. Hornby ni se convirtió ni abandonó su ateísmo, pero sí se le abrió el amplio panorama de la fe cristiana, hasta entonces desconocida para él. En *The Polysyllabic Spree* cuenta que *Gilead* es

> una obra hermosa, rica e inolvidable, de gran seriedad [...]. Ni siquiera me importó que esencialmente sea un libro sobre el cristianismo, narrado por una cristiana; de hecho, por primera vez comprendí el punto del cristianismo o, por lo menos, cómo puede aprovecharse para asistir a la razón (p. 184).

También asegura:

> Marilynne Robinson es una de las más grandes escritoras norteamericanas vivas, y ciertamente no hay nadie como ella. Y creo que estoy usando la frase literalmente: jamás me había topado con una mente como la suya, ni en la literatura ni en ningún otro lado, por cierto. A veces, su seriedad singular y su insistente concentración en la hermosa tristeza de nuestra mortalidad te hacen reír, en un sentido tipo Anthony Burgess (p. 215).

Y confiesa el impacto que la novela tuvo en él: "Gilead me ha vuelto una persona más sabia y mejor [...]. Si Dios llega tocando, no le cierras la puerta en su cara, ¿o sí? Todo esto lo digo solo para mostrar que uno nunca sabe cómo te va a afectar una novela" (p. 185).

En México, y en particular en la UNAM, hay otra obra de altísima calidad. Estoy seguro de que la muy desconocida *Anunciación* del pintor místico Alfredo Castañeda –escondida en una capilla del CUC– puede ser apreciada por una sensibilidad moderna, al margen de sus creencias religiosas. Es una joyita surrealista hecha sobre vidrio que no tiene desperdicio alguno y que ni los propios religiosos de ahí saben valorar, de lo contrario le harían mejor publicidad.

2

El arte en sí mismo no es salvación de nada ni de nadie, es solo un vehículo para modelar la propia conciencia, así como también lo es la religión, la cultura, la literatura o los sabios consejos de las abuelas.

Deseo ilustrar esto con un ejemplo controversial. Pienso que, de alguna manera, la familiaridad con el arte sacro barroco ha influido históricamente –no determinado– en la relativización de la violencia por parte del mexicano, cuya sensibilidad parece cauterizada. El barroco novohispano, con los numerosos cristos parchados de verismos –esas llagas abiertas y sangrantes– fue uno de los factores históricos que modelaron la sensibilidad del mexicano y su apreciación de la violencia. En épocas anteriores a la fotografía y la televisión diría que llegó incluso a educarlo, pues la principal relación que tuvo con el mundo visual fue el arte que veía en los templos, durante largo tiempo el único recinto público decorado con piezas artísticas. Al volverse cotidiana la religión *vista* desde el barroco, la violencia se relativizó. Entonces, con naturalidad estableció el mexicano una relación íntima y cotidiana no solo con Cristo (el contenido de la fe), sino con su imagen sangrante (la forma plástica). A modo de experimento mental me pregunto si las cosas serían distintas hoy en caso de que hubiera predominado cuando se gestaba la nación algo como, digamos, el rococó...

Pero la realidad es que en este país son populares las devociones a las llagas de Cristo, que sangran desde el crucifijo sobre la cama, y a su corazón lanceado, que acompaña en los embotellamientos más tediosos desde el espejo retrovisor. Para el mexicano tampoco es insólito vivir su fe de manera violenta –en el sentido de sangrienta–, como cuando los peregrinos ascienden al Tepeyac de rodillas o con nopales enterrados en las carnes, o como cuando los devotos se hacen crucificar en las representaciones de la Semana Santa. Tampoco extraña, por lo tanto, que algunos verismos se hayan emancipado y sobrevivan aún hoy en la estética popular cotidiana: cunden coronas de espinas tatuadas alrededor de bíceps bien entrenados y no son pocos los autobuses públicos que cruzan la ciudad recargados con imágenes del crucificado.

Así como el barroco novohispano fue uno de los factores históricos que convergieron en una cierta cauterización de la sensibilidad del mexicano, creo que una educación artística pertinente podría también ayudar a mitigar la violencia, en la medida en que participe en el desarrollo de una sensibilidad más tolerante y acorde con nuestros valores democráticos. El éxito de esta campaña está en parte garantizado de antemano si concedemos lo que decíamos al principio, a saber, que el mexicano es más un ser de formas que de contenidos.

Véase por ejemplo un caso análogo. En Brasil se comenzó un experimento de larga escala: desde 2008 se enseña filosofía en todas las escuelas del país. Es obvio que Platón y Aristóteles no van a eliminar las favelas de Río de Janeiro, pero sí podrán ayudar a crear una mayor conciencia sobre los problemas humanos y sociales acuciantes, que eventualmente incidirá en el ambiente. Ese diálogo que se tiene ya en las aulas escolares se trasmite por contagio a las familias y terminará permeando a la sociedad.

¿No sería viable hacer algo así en México, enfocándonos no solo en la filosofía –ese ya es otro tema– sino en el arte? Se podrían dirigir los primeros esfuerzos a tratar el tema de la crueldad. Con acierto le adjudicaba Borges a Robert Louis Stevenson una tesis que se remonta a Montaigne: que la crueldad es el peor de los males morales. Un acto cruel es una imposición arbitraria de la fuerza, un abuso del débil para deleitarse en su dolor y hacerle patente su vulnerabilidad. La película *Los olvidados* de Buñuel es una de las representaciones mejor logradas de la crueldad a mediados del siglo pasado. Recordemos al Jaibo golpeando a un ciego y destruyendo sus instrumentos musicales por "simple maldad", como se dice coloquialmente. También *Los miserables* y el propio *Doctor Jekyll and Mister Hyde*, al que aludía Borges en esa ocasión, tratan el tema de la crueldad. Con todo, la triste realidad es que las manifestaciones de crueldad de *Los olvidados* nos parecen poco respecto a lo que los medios de comunicación nos presentan hoy: torturas y decapitaciones, para no abundar. La intensificación de la crueldad ha empeorado su alcance delictivo. Mientras Montaigne sugiere en su ensayo *Sobre la crueldad* una educación ética que debe comenzar por la concientización ecológica y el respeto a los animales, creo que el arte también podría sensibilizar las conciencias. Las escuelas podrían comenzar a proyectar *Los olvidados*, pidiéndoles a los alumnos que reflexionen sobre la crueldad ahí evidente y discutiendo las diferentes impresiones en clase.

Mencionaré un último aspecto, circunscrito a la realidad mexicana. Existe una bahía donde fondean juntos el arte sacro y el arte popular: es el hecho de que el mexicano gusta de las formas recargadas (¿acaso otra herencia del barroco novohispano?). Basta encender la televisión o entrar a cualquier mueblería, taxi o fiesta de 15 años para persuadirse de ello. En las iglesias se ven terribles estatuas de yeso, santos con los ojos en blanco vestidos de tutú y, con motivo de la Candelaria, niños dios vestidos hasta de futbolista. Los feligreses son los mismos taxistas que tienen sus autos decorados como discotecas; son los mismos sastres que tienen un altarcito en un rincón con media docena de vírgenes y santos varones junto al periódico sensacionalista que ostenta sangre y *soft porn* en su portada. Sea creyente o no, el mexicano actual tiene una fascinación probada por lo *kitsch*.

Aunque lo *kitsch* es de suyo indefinible, se le puede describir. Una de sus características indiscutibles, que Theodor Adorno llama "ausencia de conflicto", es su pacifismo. Lo *kitsch* exagera las formas, hincha la sensibilidad, resplandece con colores chillantes, trasplanta una forma al contexto equivocado, no sabe de *buen gusto*, pero nunca derrama sangre. Una educación en lo *kitsch* es un drama terrible y una contradicción metafísica, pero habría que pensar cómo podría aprovecharse esa preferencia mexicana por lo *kitsch* –y, en general, esa fascinación desmedida por las formas– para reactivar el pacifismo. Es una pregunta abierta a manera de reto difícil de imaginar, sobre todo en tiempos en que la *narcoestética*, otra estridencia de las formas, gana cada vez más terreno.

Pero sin ser una corriente artística en sí misma, lo *kitsch* ha sido un remanso de paz en tiempos violentos. Recordemos tan solo que el muy cursi de Rubens desarrolló su carrera a la sombra de la violentísima Guerra de los Treinta Años que, en buena parte por razones religiosas, dejó ocho millones de cadáveres tirados a lo ancho y largo de Europa.

Atrio de los Gentiles. Un diálogo entre creyentes y no creyentes
se imprimió en la Ciudad de México
el 22 de febrero de 2022,
Cátedra de San Pedro (*Cathedra Petri*),
en Litográfica Ingramex S. A. de C. V.
Centeno 162-1, Granjas Esmeralda, Iztapalapa,
C. P. 09810, Ciudad de México, México

www.ingramcontent.com/pod-product-compliance
Lightning Source LLC
La Vergne TN
LVHW051512170726
843492LV00002B/888